NOTICE

BIOGRAPHIQUE ET LITTÉRAIRE

SUR

F. REVER,

Correspondant de l'Institut (Académie des Inscriptions et Belles-Lettres) ; membre
des Sociétés d'Agriculture et de Médecine de l'Eure ; des Académies de Rouen ,
de Caen , de Nantes ; de la Société des Antiquaires de la Normandie, etc.

AVEC PORTRAIT.

Par Amand Fresnel.

Multis ille bonis flebilis occidit ,
Nulli flebilior quam *mihi*.....
(Hor. lib. ɪ , Od. xxɪv.)

PARIS.

IMPRIMERIE DE AUGUSTE MIE,

RUE JOQUELET , Nº 9 , PLACE DE LA BOURSE.

1830.

NOTICE

BIOGRAPHIQUE ET LITTÉRAIRE

SUR F. REVER.

Rendre à la mémoire d'un homme de bien l'hommage que réclament ses vertus, est un soin religieux qui nous est imposé par les souvenirs, le devoir et l'affection. On m'accusera peut-être d'acquitter tardivement cette dette sacrée, mais ce serait à tort. J'avais adressé dès le mois de janvier 1829, à la Société des Sciences et Arts du département de l'Eure, tous les documents que j'avais pu recueillir sur M. Rever; d'un autre côté, je n'ignorais pas que depuis l'envoi de ma notice manuscrite, plusieurs articles relatifs à cet objet avaient été insérés dans diverses feuilles publiques. Enfin M. Louis Du Bois, à qui je fis part des documents que je possédais, me demanda mon manuscrit, en m'exprimant le regret de ne l'avoir pas connu plus tôt, parce qu'il aurait inscrit le nom de M. Rever à côté de ceux de *ses Normands illustres*. Peu de temps après, j'appris que cet auteur distingué avait fait paraître dans le journal de Caen et de la Normandie un article intitulé : *Notice sur M. Rever*. Ce ne fut pas sans un véritable plaisir que je vis son empressement à exprimer publique-

ment ses regrets sur la perte d'un homme si recommandable par ses vertus et par son savoir. Toutefois, dans le cadre resserré d'un journal, on ne
pouvait guère montrer M. Rever dans toutes les
phases de son existence, toujours active, quelquefois même agitée; puis, pour bien caractériser
cet homme excellent, il fallait nécessairement connaître les principaux faits de sa vie, et les rapporter
avec de certains développements. Sans doute il eût
bien mérité qu'une plume plus habile que la mienne
se fût chargée de cette honorable mission : j'en avais
exprimé le vœu, et je conservais l'espoir qu'il serait
exaucé. Mais puisqu'il ne l'a pas été, il est temps enfin de consacrer quelques pages à la mémoire d'un
homme éminemment vertueux qui déjà n'est plus
depuis dix-huit mois. Je n'éprouve, en remplissant
cette tâche, qu'un regret bien vif, c'est que ce dernier devoir, que je lui rends dans toute la sincérité
de mon ame, soit loin d'être complet ; à la vérité je
n'ai pas eu la prétention de traiter ce sujet dans
toute son étendue, mais j'ai dû céder sans effort
aux désirs de quelques amis. Je me suis donc décidé
à publier à mon tour cette notice, tout imparfaite
qu'elle est.

Il ne suffit pas d'avoir lu les écrits d'un auteur
pour le bien connaître, il faut avoir passé quelque
temps de notre vie auprès de lui, et d'ailleurs ceux
de M. Rever ne seraient d'aucun secours. Partout
il y a montré une grande variété de connaissances et
beaucoup d'érudition, mais nulle part il ne s'y est
peint. Il faut donc l'avoir connu particulièrement,

l'avoir vu fréquemment, pour pouvoir l'apprécier et le présenter tel qu'il était ; sans cela, on ne pourrait parler d'une manière précise de ses qualités, de son caractère, de ses sentiments, de ses principes et de ses mœurs : c'est dans les entretiens familiers, dans les épanchements, dans l'abandon de l'intimité, que l'homme se montre tel qu'il est, et c'est alors qu'on peut véritablement le juger : aussi serais-je à portée de le faire connaître, si je pouvais bien rendre ce que je sais, ce que j'éprouve !

Lorsqu'un homme éminemment vertueux disparaît, combien de justes et douloureux regrets ne laisse-t-il pas à ceux qui trouvaient en lui l'ami le plus sincère, le plus dévoué, et le modèle le plus parfait à suivre ! De quel poids étaient ses conseils, ses leçons, ses exemples sur tous ceux qui l'approchaient ! quels fruits, quels avantages ne recueillait-on pas des rapports qu'on entretenait avec lui ! C'était en le fréquentant, ou même en entendant le récit de ses actions, qu'avec une persévérance suivie, et malgré l'imperfection de notre nature, nous parvenions, sinon à corriger entièrement, du moins à modifier nos défauts, nos penchants, nos vices ; et l'influence d'un tel homme est si grande sur nous, qu'après même qu'il a cessé d'exister il peut encore guider nos pas, par la seule impression qu'il a laissée dans la mémoire. C'est alors aussi que nous lui rendons la justice qui lui est due, que nous pouvons apprécier son mérite réel, et que nous savons véritablement ce qu'il valait. Mais c'est surtout dans les circonstances où nous nous trouvons embarrassés, où nous croyons avoir besoin de conseils, que nous le regrettons plus que jamais, et que nous l'appelons de tous nos vœux, pour donner à la marche incertaine de nos pensées et de nos actions une direction toujours conforme à la justice et à la raison. Aussi, malgré la distance infinie qui le sépare à jamais de nous, nous aimons à l'interroger encore : nous nous demandons ce qu'il penserait, ce qu'il ferait à notre place ? Alors se retrace à nos yeux et dans notre cœur le tableau de sa probité, de son désintéressement et de son amour des hommes, vertus si propres à réveiller et à fortifier le sentiment de la justice et du bien. Pleine de ces beaux souvenirs, notre ame émue s'élève, et dès-lors tous nos efforts, toutes nos pensées tendent à l'imiter. Voilà le culte que nous devons avoir pour la mémoire de Rever, nous qui avons eu le bonheur de le connaître et d'entendre ses leçons; c'est l'unique moyen qui nous reste pour nous rendre sa perte moins sensible et pour adoucir l'amertume de nos regrets; c'est enfin le seul hommage qui soit digne de lui.

Mais au moment de retracer sa vie, un sentiment de crainte s'empare de moi : je sens combien je suis au-dessous de la grandeur de mon sujet; je sens combien il m'est difficile de peindre dignement celui qui a élevé ma jeunesse, et que j'ai toujours aimé comme un père; je le sens, mais c'est un impérieux besoin pour mon cœur, et j'espère qu'on pardonnera la témérité de mon entreprise, en faveur des sentiments qui me l'ont inspirée. Mon unique désir est de pouvoir, par les détails dans lesquels je vais entrer sur la vie de cet homme de bien par excellence, faire partager à ceux qui les liront le respect et l'affection que j'aurai pour sa mémoire jusqu'à la fin de mes jours.

Marie-François-Gilles Rever, fils d'un avocat du parlement de Rennes, naquit à Dol, département d'Ille-et-Vilaine, le 8 avril 1753. Il avait eu deux frères et une sœur. L'aîné, qui se nommait Rever de la Patinnière, ayant embrassé et suivi avec beaucoup de succès la carrière honorable de son père, fut sénéchal de Dol, et président du district de cette ville à la première organisation. Les persécutions qu'il éprouva pendant la révolution l'ayant obligé d'émigrer, tous ses biens furent séquestrés et vendus. Cependant, aussitôt que l'état des choses le permit, il rentra en France, et sa sœur le recueillit chez elle; cette excellente personne, et son frère l'abbé, celui dont nous parlons, pourvurent à tous ses besoins pendant les huit ou dix années qu'il vécut encore. L'autre frère, médecin distingué, s'appelait Rever Dermons : ce fut un vrai modèle de philanthropie; non content de donner gratuitement ses soins aux indigents et de leur fournir tous les médicaments nécessaires, il subvenait encore à leurs besoins : il poussa si loin son désintéressement et ses générosités, qu'il aliéna sa fortune pour soulager les malheureux. Il est mort célibataire. Ces deux aînés, pleins de mérite et très considérés, étaient recherchés partout. Leur sœur, vouée au célibat et remplie d'esprit comme eux, fut aussi, comme eux, bonne et charitable. Ce ne fut jamais en vain que l'indigence implora ses secours : elle fut même souvent dupe de l'excellence de son cœur. J'aurais pu me dispenser d'entrer dans ces détails, mais il est si rare de voir réunis dans chacun des membres d'une même famille les points principaux qui nous distinguent du commun des hommes, qui nous élèvent au-dessus d'eux et qui nous donnent des titres à l'estime publique, que j'ai cru devoir citer cet exemple; c'est aussi pour faire connaître que, malgré son peu de prétentions et la modeste opinion qu'il avait de lui-même, l'homme vertueux dont je vais m'entretenir n'en appartenait pas moins à des parents très distingués.

Le jeune Rever, élevé au sein d'une famille justement recommandable, surtout par ses vertus, dut sans doute à ce précieux avantage, et aux bons exemples dont sa jeunesse fut entourée dans la maison paternelle, les rares qualités qui le distinguaient. Il leur dut aussi cette élévation d'ame qui lui faisait regarder la probité, le désintéressement, l'amour des hommes et la modestie comme des sentiments tout naturels; il pensait même que ceux qui en étaient dépourvus ne méritaient aucune estime, quels que fussent d'ailleurs et leurs noms et leurs titres. C'est encore à ces causes que nous devons attribuer le deuil général qui se répandit sur le lieu de sa naissance et sur celui de sa mort, au moment où l'on apprit qu'il venait de payer le dernier tribut à la nature. Dans le premier, on se rappela les bienfaits d'une famille révérée que l'on voyait s'éteindre, et dans le second on avait encore sous les yeux et dans le cœur tout ce qu'il avait fait et ce qu'il faisait chaque jour pour l'intérêt et le bonheur de tous ceux qui l'environnaient.

Rever fit ses classes, jusqu'à la physique, au collége de sa ville natale; puis il entra dans le sacerdoce, où il fut appelé, sans doute, par le vœu de ses parents. Il n'avait alors que seize ans. L'évêque de Dol, qui avait eu connaissance de ses brillantes études, et qui remarqua en lui un mérite supérieur, le plaça au séminaire Saint-Sulpice, à Paris, où il resta plusieurs années. Le temps qu'il y passa, il le consacra au perfectionnement de son éducation, en même temps qu'il faisait déjà celle des autres, car son mérite fut bientôt apprécié, et lui valut la chaire de philosophie. Le fait suivant confirmera ce que j'avance : un jour que j'étais avec lui dans son atelier, où parfois il se livrait à toutes sortes d'arts manuels, nous trouvâmes dans un vieux soufflet qu'il avait fait, une inscription qui, peut-être à cause de son originalité, m'est restée dans la mémoire. Elle était ainsi conçue : *Hunc follem faciebat anno. . . . . . . qui tunc temporis docebat philosophiam in collegio Parisiensi. . . . .* Sans doute on ne voit que très rarement un professeur de philosophie s'occuper à faire un soufflet.

Qu'il me soit permis, en parlant de cette époque de sa vie, de citer le trait suivant à la louange de son respectable père : Rever, dès ses jeunes années, eut un goût prononcé pour les sciences, et ce goût ne fit que s'accroître de plus en plus à mesure qu'il avançait en âge. Arrivé dans le séjour des sciences et des beaux-arts, séjour si propre au développement de l'intelligence et des talents, il voulut profiter de cette occasion précieuse pour se livrer à toutes sortes d'études ; ce fut là l'origine des connaissances variées et profondes qu'il acquit par la suite, comme on le verra bientôt : mais les hautes sciences surtout furent l'objet constant de son ardente application. Cependant, tant d'études, tant de cours à la fois, devaient être pour son père un surcroît de dépenses, et celui-ci, malgré ses talents dans l'exercice d'une profession où il mit toujours le plus louable désintéressement, ne s'était pas assez enrichi pour être en état de satisfaire, sans se gêner, tous les désirs de son fils. D'un autre côté, la connaissance qu'il avait de la capacité de ce jeune homme, puis l'espérance des fruits que devaient produire ses nouveaux travaux et que faisait prévoir l'ardeur même avec laquelle il demandait à les entreprendre, mettaient ce bon père dans le plus grand embarras. Mais il ne tarda pas à trouver dans son amour paternel les moyens que lui refusait sa médiocre fortune : toute sa vie il avait eu l'usage du vin dans ses repas ; cette longue habitude, quoique modérée par sa tempérance, était devenue pour lui un véritable besoin. Eh bien ! malgré son grand âge, il y renonça tout à coup, et la dépense qu'elle lui occasionnait, il la consacra au perfectionnement de l'éducation de son fils, qui n'a jamais cité ce trait sans verser les larmes de la plus sincère reconnaissance !

Ses hautes études étant terminées, Rever partit pour Angers où sa réputation l'avait fait nommer professeur de mathématiques. Mais l'évêque de Dol, qui ne l'avait point perdu de vue, le rappela bientôt auprès de lui, et lui fit confier au collége de cette ville la chaire de philosophie, qu'il occupa quelques années. Dans ces divers postes, comme à l'école centrale de l'Eure, où il fut appelé plus tard, il se fit admirer et chérir par ses brillantes leçons, par les principes de la véritable morale enseignés à ses élèves, par l'amour des sciences qu'il savait si bien leur inspirer, enfin par une attention scrupuleuse à donner ses soins à chacun d'eux ; aussi se faisait-il à la fois aimer et respecter ; et de tous ceux qu'il eut à cette époque, comme de ceux auxquels, dans la suite, il prodigua les mêmes soins, il n'en est aucun qui l'ait quitté sans emporter avec lui les sentiments les plus durables de reconnaissance, d'estime et d'affection. En effet, ne méritait-il pas bien une récompense si douce pour son cœur, celui qui les aima jusqu'à se priver pour eux presque entièrement du sommeil ? il a été un temps où son zèle pour leur instruction ne lui permettait pas de consacrer au repos plus d'une nuit par semaine.

Tant de veilles et de fatigues pouvaient altérer sa santé, et tant de services rendus à l'instruction méritaient sans doute une récompense plus grande que celle qu'on lui donna. La cure de Couteville vint à vaquer, et le bon prélat qui s'intéressait à lui l'en fit titulaire. Cette commune, située près de Pont-Audemer et enclavée dans l'ancien diocèse de Lisieux, faisait alors partie de celui de Dol. De ce moment Rever appartient essentiellement à la Normandie; il y a passé la majeure partie de son existence, il y a composé ses ouvrages, il s'est enfin rendu digne à plus d'un titre de figurer au nombre de ses enfants illustres; mais l'ancienne Armorique et l'ancienne Neustrie doivent également s'honorer, l'une de lui avoir donné la naissance, l'autre d'avoir été sa patrie adoptive.

Je ne le suivrai point ici sur le théâtre de ses vertus domestiques, j'y reviendrai plus loin : qu'il me suffise de dire que ses bonnes qualités, sa tolérance et ses bienfaits avaient inspiré une si grande vénération et un tel attachement pour lui aux habitants de sa commune, que tous, pour ainsi dire, allèrent lui faire visite à Pont-Audemer, lorsqu'il y fut emprisonné au moment de la tourmente révolutionnaire, et lui témoignèrent d'une manière expressive le désir de le voir bientôt rendu à la liberté. C'est en reconnaissance de cette action qu'il a fait un legs à cette commune, d'une grande partie de ce qu'il possédait dans le pays, car il n'oubliait jamais les témoignages d'intérêt qu'il avait reçus, ni les services qu'on lui rendait, quelque légers qu'ils fussent. Dès 1820, il donna à l'hospice de Dol une rente de 80 f., et par une ordonnance royale du 9 mars 1826 l'hospice fut autorisé à accepter cette donation. Quant à sa bibliothèque et à ses cabinets de physique et d'histoire naturelle, il les a légués à la Société littéraire de l'Eure.

L'époque à jamais mémorable pour la France arriva; on vit naître du choc violent des masses ébranlées, dont la plus forte partie luttait contre le pouvoir aristocratique expirant, et l'autre contre la liberté naissante, les troubles et les malheurs qui affligèrent en la bouleversant la société tout entière. Rever, après avoir traversé ces moments si difficiles et de si triste mémoire, sans s'être écarté jamais des principes qui constituent l'homme probe et pacifique, fut en 1790 nommé administrateur du département de l'Eure. Il s'y fit remarquer par sa fermeté à combattre toutes les mesures qu'il croyait ou mauvaises ou imprudentes, par son impartialité dans la répartition des charges ou des secours entre les différens districts, enfin par son désir toujours constant d'être utile et de faire du bien dans toutes les occasions qui s'en présentaient. Mais bientôt l'assemblée *constituante* fut dissoute, et l'ouverture de la *législative* eut lieu. Rever, qui déjà s'était fait remarquer par ses lumières, par la sagesse de ses principes et par une bonne administration, y fut élu député. Il s'acquitta de cette honorable et importante mission de manière à justifier la confiance de ses commettants ; et j'ose affirmer, d'après la conviction que j'ai de son zèle pour le bonheur de son pays, de la droiture de ses intentions et de la fermeté de son caractère, que si tous ses collègues et tous les fonctionnaires publics avaient été animés du même esprit, et qu'ils eussent mis, les uns à remplir leur mandat sacré, les autres à exercer leurs fonctions, le même dévouement et la même bonne foi, dès-lors toute opposition aurait été obligée de céder, la révolution se serait terminée paisiblement, nous n'aurions qu'à nous féliciter de ses heureux effets, et non point à gémir encore sur les excès qui l'ont ensanglantée !

A la sortie de l'assemblée législative, Rever rentra dans la vie commune où il resta jusqu'en 1796. Les souvenirs avantageux qu'on avait conservés de sa haute capacité en tout genre, mais surtout sous le rapport de l'enseignement, firent jeter les yeux sur lui pour l'objet qu'on voulait créer. L'administration du département le nomma membre du jury d'instruction publique qui devait former l'école centrale de l'Eure, dont il fut bibliothécaire. Ce fut là surtout que son amour du bien public lui fit employer tout ce qu'il avait de talent pour l'instruction, qui est le plus sûr moyen de l'opérer : les réglements admirables qu'il rédigea pour cette école, le choix des professeurs, et particulièrement l'art avec lequel il savait si bien à la fois inspirer aux élèves l'amour de la vertu, des sciences et du travail, en avaient fait une des meilleures écoles de toute la France. Quelques mois après l'installation de cette école distinguée, le gouvernement, en reconnaissance des services qu'il avait rendus, le nomma son commissaire près l'administration du département. Mais bientôt s'apercevant qu'il ne pourrait pas faire dans cette place tout le bien qu'il désirait, il donna sa démission, et se retira dans ses foyers, d'où il ne sortait guère que pour remplir les commissions que lui confiait l'administration. Souvent encore il venait à Evreux continuer ses soins à l'école centrale, son établissement chéri, pour lequel son attachement et son zèle n'ont fait que s'accroître de plus en plus jusqu'à sa dissolution.

Avant de parler plus au long des qualités morales de Rever, nous allons indiquer ses ouvrages publiés que nous connaissons, en exprimant toutefois le regret de ne pouvoir en donner une analyse complète ; nous laisserons ce soin à d'autres plus instruits que nous. Il appartiendra surtout à la Société de l'Eure, qui possède ses manuscrits, de payer à la mémoire de ce savant son tribut de reconnaissance, en s'empressant de donner de la publicité à tout ce qui en sera digne : ce devoir sacré, nous en sommes sûrs, elle le remplira.

— 1° *Voyage des élèves du pensionnat de l'École centrale de l'Eure,* dans la partie occidentale du département, pendant les vacances de l'an VIII, avec des observations, des notes et plusieurs gravures relatives à l'histoire naturelle, à l'agriculture, aux arts, etc. Cet ouvrage offre dans tous ses détails la preuve de la sagesse des réglements qu'il fit pour cette école, de son zèle pour l'instruction des élèves, de l'adresse et des moyens qu'il prenait pour exciter et entretenir leur émulation.

Pour donner une idée du noble et louable but de Rever, je citerai de ce voyage le passage suivant, qui seul fera connaître les principes qui l'animaient et qui caractérisent le sage. Il enseignait à ses élèves, par la pratique même, cette haute et saine philosophie qui s'allie toujours à la morale, et qui, en donnant à notre ame de la force et de l'élévation, nous prépare à supporter sans murmure les petites incommodités , les désagréments, les événements mêmes de la vie. Tels étaient les principes qu'il tâchait de leur inculquer par ses leçons et par ses exemples : « Ainsi lestés, dit-il, nous partons et nous marchons jusqu'à la fin du jour. Nous cueillîmes le mirtyle, l'aspérule et le lin multiflore que nous offraient des bois situés sur la route; et la nuit approchant, il fallut songer à faire halte. Ce n'était pas le plus grand embarras du voyage : *une tente assez bien close, mais qu'on dresse en plein air, et de la paille fraîche au lieu de duvet, sont les préparatifs les plus importants qui nous occupent quand il fait beau.* »

— 2° *Réglements pour le pensionnat de l'Ecole centrale de l'Eure.* Ne pouvant reproduire ici dans leur entier ces réglements remarquables qui renferment à la fois des pensées nobles et des préceptes de la plus haute morale, nous nous bornerons à en extraire quelques passages qu'on ne lira pas sans intérêt.

« Le régime des élèves est le même pour tous, et le souvenir des malheureux à qui le pain manque souvent doit faire rougir celui qui ne sait pas apprécier le bonheur d'en avoir en abondance.

« Jeunes élèves, la nature ne reconnaît et n'avoue que les seuls besoins de l'estomac , elle rend grace à son auteur des plaisirs du goût, mais elle préserve les hommes sages de l'empire que ces plaisirs pourraient prendre sur eux , et les imprudents sont les seuls qui, en se livrant à des caprices, s'entraînent dans des plaisirs superflus et tyranniques.

« Trop souvent ces besoins ont été la cause de la faiblesse et de la vénalité des insensés, et sont devenus dans la main des perfides des moyens d'alliciement et de séduction.

« Jeunes élèves, apprenez à devenir forts contre les perfides qui voudront vous prendre à leur repas ! Défendez-vous de bonne heure, contre l'habitude des goûts factices ; soutenez la cause et la dignité de l'homme, que les pervers avilissent, et craignez de ressembler à ces êtres dégradés que l'abus des dons de la nature rend méprisables et corrompus.

« Souvenez-vous que les jeunes Français, armés pour la patrie ont souvent manqué de tout, et qu'à l'heure même où l'on s'accorderait des mets recherchés, il y en a peut-être des milliers qui se trouveraient heureux d'avoir ce dont l'imprudence et la fantaisie se dégoûtent ! n'oubliez jamais les privations des nombreux indigents qui appellent nos regards et gémissent dans des besoins de toute espèce !

« Les animaux dans la douleur rappellent aux mortels les souffrances qu'ils peuvent eux-mêmes endurer : ce spectacle émeut les cœurs bons et sensibles, et les hommes compatissants en sont attendris ; ils ne font pas à la nature l'outrage d'en être eux-mêmes les auteurs ; ils s'efforcent au contraire d'en abréger la durée.

Des vacances.

« Pendant les vacances, les élèves du pensionnat

de l'école centrale qui ont remporté des prix parcourent les endroits du département les plus intéressants par leur situation, par l'antiquité des monuments qu'ils renferment, par les manufactures qui s'y trouvent, et par le genre de culture dont on s'occupe en ces endroits. Ils dessinent ce dont il leur paraît important de conserver les traits; ils décrivent ce qu'il est utile de faire connaître. Ils recherchent les productions naturelles du sol; ils recueillent les plantes utiles ou rares; ils consignent avec soin tous les détails de leur voyage dans un journal, et ils en arrêtent en commun la rédaction. Au retour de leur expédition, ils déposent dans le muséum de l'école les fruits de leurs recherches avec leur journal, et le conseil d'instruction arrête l'impression de ce qui lui paraît digne d'être rendu public.

« Chaque année, les instruments propres aux observations qui doivent être faites seront portés avec les bagages de l'expédition.

« Les élèves désigneront les *officiers* du voyage, selon le degré d'instruction qu'ils leur reconnaîtront pour le genre de travail dont ils seront chargés.

« Il y aura deux dessinateurs... deux naturalistes... deux historiographes.... deux physiciens.... deux mécaniciens, etc., etc. Les professeurs qui pourront prendre part aux observations et au voyage seront invités, etc.... Les directeurs du pensionnat accompagneront toujours les élèves, etc.... Si les objets dont il s'agit sont des monuments anciens, les historiographes en recherchent l'origine dans les histoires de la ci-devant province, et s'occupent de constater, s'il est possible, tout ce qui tient à l'époque et aux motifs de leur construction, aux différents périodes de leur durée…. Les ingénieurs mesurent les limites et les formes des anciens monuments ; ils en lèvent le plan et prennent toutes les notes nécessaires pour en bien constater l'état actuel ; les mécaniciens se joignent à eux pour en mesurer l'élévation et s'assurer de toutes leurs dimensions autant qu'il est nécessaire pour en exécuter ensuite le relief en terre cuite, si l'objet en est jugé digne…. La distance fixée pour chaque jour de marche étant remplie, les élèves font halte et les bagages s'arrêtent… Les élèves dressent leurs tentes pour passer la nuit, etc. »

Expressions de sentiments de morale et de religion, ou mots d'ordre.

« Les élèves commencent plusieurs exercices par l'expression de pensées morales et de sentiments vertueux analogues à ces mêmes exercices. Cette expression de sentiments est désignée sous le nom de *mot d'ordre*. — »

« Les vertus rappelées dans ces expressions sont d'abord énoncées par le directeur ou par le *Président*, et les élèves y répondent en chœur, en exprimant l'attachement inviolable que les hommes probes doivent avoir pour ces vertus ; le contentement et le bonheur qu'elles donnent ; les dangers et les calamités qu'apporte l'oubli qu'on en fait ; l'obligation dans laquelle on est de les préférer aux suggestions de l'intérêt personnel et de toutes les passions.

Mots d'ordre pour le réveil.

« Le Président. — Celui qui s'est endormi sans crime est le seul qui se réveille sans remords !

« Les Élèves, 1ᵉʳ chœur. — Les bonnes actions de la veille sont, pour l'honnête homme , l'heureux augure du lendemain.

« 2ᵐᵉ chœur. — Le bonheur des mortels dépend de leur constance à bien faire.

« Tous les Élèves ensemble. — Les forces et la vigueur s'anéantissent dans la langueur de la paresse et dans la nonchalance.

Mots d'ordre pour la première étude du jour.

« Les animaux ne connaissent point les préceptes de la loi éternelle, le méchant la connaît et l'outrage.

« — Le méchant se place au-dessous des brutes.

« — L'opprobre doit être son partage.

« — Les remords, qui lui ôtent le bonheur, sont les cris salutaires de la nature qui le rappelle à ses saintes lois.

« — Le voyageur sait éviter la panthère et le tigre , mais l'homme de bien devient souvent la proie du méchant qui le dévore !

« — Que l'homme de bien fuie la société du mé-

chant, malgré ses prévenances et ses dehors dé-
bonnaires !

« — Qu'il préfère l'honorable médiocrité à ses
dons funestes.

« — Qu'il soit humilié des présents de l'homme
corrompu.

« — Qu'il le soit de son odieuse protection et de
son amitié déshonorante.

« — Les imprudents voient la prospérité de l'homme
corrompu, ils désirent l'égaler en richesses, et font
le mal pour y parvenir.

« — La nature punit la transgression de ses lois,
par des tourments de tous genres.

« — La peur s'attache au fruit du crime, le dés-
espoir en suit la perte.

« — Le méchant dans l'opulence insulte à la médiocrité de l'homme de bien, et la vertu s'irrite de
l'insolence du crime !

« — Souvent la misère a puni, dans les enfants de
l'homme vicieux et fortuné, l'impudence et l'injus-
tice de leur père !

« — Si l'homme de bien fréquentait le coupable,
il respirerait son soufle empoisonné !

« — Il prendrait la contagion du crime (1).

Mots d'ordre pour le repas du midi.

« Mille imprudents insultent à l'auteur de la nature, en abusant de ses dons.

(1) Ces expressions de sentiments sont suivies d'une lecture
de morale qui dure environ dix minutes.

« —La nature punit par la douleur les insensés dans leurs excès et dans l'abus qu'ils font des bienfaits de son auteur.

«— Le perfide emprunte le langage de l'innocence; il orne sa table de fleurs et de guirlandes ; il la charge de mets qu'il appelle délicieux ; il en offre la fausse douceur à l'imprudent qu'il séduit , à la vertu qu'il veut corrompre.

«— L'imprudent que le piége attire est bientôt abject comme le perfide qui l'a tendu.

« —L'homme vertueux ne va point vendre son honneur pour un vil banquet.

« — Il ne boit point, à la table de l'homme méprisable et corrompu, la honte de son amitié et la contagion de ses vices.

Mots d'ordre pour le compte rendu des sages.

« L'insouciant qui ne compte point sa dépense court insensiblement à sa ruine.

«—Et celui qui ne se rend pas un compte soigneux de ses actions se familiarise avec la négligence de ses devoirs !

«— Il émousse peu à peu la délicatesse des sentiments qu'ils inspirent.

« — Il s'engage sans frayeur dans le sentier des passions et du vice.

*Mots d'ordre pour le silence de la nuit et pour le
sommeil.*

« Le repos est un besoin pour la nature, et le
sommeil est un des bienfaits de son auteur.

«—L'homme de bien s'endort en paix dans le sein
de la providence universelle.

«—Le calme de son sommeil est le prix du travail
et l'image de la vertu.

« — Le méchant qui nuit à son semblable ne mérite point le bonheur d'un sommeil paisible.

«—Les remords, qu'il étouffe pendant la veille,
reprennent leurs droits quand il s'endort.

« —Ils deviennent son tourment dans le silence
de la nuit.

«—Ils lui arrachent le repos qu'il invoque et qu'il
ne mérite pas ! »

Il est véritablement à regretter que l'idée ingé-
nieuse qui produisit un si beau plan d'éducation
n'ait pas continué d'être mise en pratique.

— 3° *Lettre à MM. les Membres résidans de la Société d'agriculture, sciences et arts du département
de l'Eure.* Cette lettre renferme deux rapports qui
furent consignés dans le bulletin de cette même
société, en juillet 1823; l'un, sur deux affaires en
crime de faux, dans lesquelles Rever avait été
appelé, comme expert, à prendre part à l'examen
des pièces arguées de faux, en genre d'effaçure et de
substitution. En donnant de la publicité à cet

écrit, il avait pour but de faire connaître et d'avertir que des faussaires ont le talent funeste d'enlever un corps d'écriture souscrit d'une ou de plusieurs personnes, et de substituer tout autre acte dont ils font cadrer la dernière ligne ou les derniers mots avec les signatures conservées; enfin, que cet enlèvement peut être fait sans qu'il reste aucun indice des moyens qu'ils ont employés. L'autre rapport avait pour objet de faire voir avec évidence que les accidents qu'éprouvent les ruminants, et qui sont vulgairement connus sous le nom de *gobbes* (égagropiles), sont l'œuvre du mécanisme intérieur de l'animal, et que c'est bien à tort qu'on les attribue généralement à la malveillance.

— 4° *Particularité constatée sur quelques abeilles.* On voit sur le devant de la tête de plusieurs abeilles, et de quelques guêpes, des excroissances ramifiées plus ou moins étendues, ayant quelquefois la forme d'aigrettes ou panaches, etc. L'auteur démontre que cette affection locale, qui se remarque éventuelle sur un petit nombre de ces insectes, n'est point une maladie de leurs antennes, comme l'avait cru le pasteur Schirach, auteur de l'Histoire naturelle de la reine des abeilles. Il fait la description détaillée de ces panaches, de leurs formes, de leur couleur et de leurs ramifications, et se livre à diverses conjectures sur la cause qui produit ces excroissances, mais qu'il ne connaît pas. Cet opuscule n'est certainement point tout ce que Rever a écrit sur l'entomologie, à l'étude de laquelle il s'est livré, ainsi qu'à d'autres parties de l'histoire naturelle, pendant assez longtemps.

—5° Description de la statue fruste en bronze doré, trouvée en 1823 à Lillebonne, arrondissement du Havre, département de la Seine-Inférieure ; suivie de l'analyse du métal, avec le dessin de la statue et les tracés de quelques particularités relatives à la confection de cette antique ; citations de quelques passages de l'histoire naturelle de Pline, relativement aux procédés décrits par cet auteur pour dorer le bronze à l'aide du mercure.

Lorsque M. le préfet de la Seine-Inférieure fut informé de la découverte de cette statue, il invita Rever, qui prenait une part active à la direction des fouilles du théâtre romain, à l'examiner et à lui communiquer ses observations et son avis.

Dans cet écrit, Rever développe ses idées et ses conjectures sur les diverses particularités de l'art et du travail des anciens statuaires, et l'examen de cette antique l'a mis à même de se confirmer dans l'opinion qu'il avait depuis long-temps sur l'état de l'art du mouleur et du fondeur chez les anciens, et spécialement chez les Romains. Quelques objets qu'il avait tirés des ruines du Vieil-Evreux et d'autres fouilles lui avaient donné lieu d'apprécier plusieurs procédés suivis dans la pratique de ces deux arts, et il se croit autorisé à dire que si les arts et la science du modeleur et du sculpteur ont été portés chez les anciens jusqu'à un degré de talent et de perfection qu'il est impossible de surpasser, peut-être même d'atteindre, ceux du mouleur et du fondeur ne sont point sortis de l'enfance, et décèlent très souvent la faiblesse des premiers pas. Il voit une

bien grande différence entre ces pénibles essais
de la naissance de l'art et les méthodes raisonnées,
savantes et presque infaillibles de nos fondeurs mo-
dernes, dont les chefs-d'œuvre étonnants sortent
de leurs fosses, tout réparés, tout parfaits! Il est
cependant vrai que des cendres d'Herculanum et
d'autres ruines, on a tiré des bronzes de grande di-
mension dont les connaisseurs ont fait le plus bel
éloge. Aussi Rever ne parle-t-il pas précisément
des résultats qu'obtenaient souvent les anciens, mais
seulement de l'état de l'art parmi eux, considéré sous
le rapport des moyens qu'ils employaient pour l'exercer! Aussi trouve-t-il que dans l'exécution de leurs
beaux sujets, ils ont eu plus de mérite que nous, à
cause des difficultés contre lesquelles ils avaient à lut-
ter; au lieu que par l'expérience des siècles et les
progrès de la science, le perfectionnement des procédés est devenu pour nous un art en quelque sorte
nouveau.

Il pense que l'époque de la confection de cette
statue peut être placée vers la fin du second siècle,
et il la prend pour le simulacre d'une divinité de l'i-
dolâtrie; ses formes, les sujets de sculpture et la réunion de divers objets antiques au pied d'une éminence où l'on bâtit dans le moyen-âge le château de
Lillebonne, peuvent engager à regarder comme probable que sur cette éminence, à laquelle aboutissait
autrefois un aqueduc romain, on avait dédié jadis un
temple à Bacchus. On verra, dans l'analyse de l'ouvrage suivant, qu'on pourrait supposer aussi qu'elle
eût été élevée par l'adulation.

— 6° *Mémoire sur les ruines de Lillebonne (Julio-bona.)* Les doutes que des géographes et des savants avaient autrefois élevés sur l'emplacement de *Julio-bona* ayant été dissipés par les recherches approfondies de l'abbé Bellay, de Damville et de Caylus, il demeure constant que Lillebonne actuelle remplace l'ancienne *Julio-bona*, capitale des Calètes. Rever a par conséquent regardé comme inutile de s'occuper de ce point de géographie ancienne ; il a plutôt tâché de rectifier quelques uns des détails qu'on a publiés sur les antiquités de cette commune, de faire voir qu'on s'est trompé dans la descriptton du théâtre, que le plan qu'on en a donné n'est pas juste, et qu'on a eu tort de prendre pour des ruines de constructions romaines ce qui reste du château de Lillebonne ; c'est pour rétablir l'état exact des choses et des faits, qu'il rend compte des recherches dont il s'est occupé sur le terrain, des mesures qu'il y a prises, du plan qu'il a levé et de ce qu'on y a déterré. Voulant détruire entièrement l'opinion qui s'était mal à propos accréditée depuis *Orderic Vital,* et ayant pour principal but d'établir que la tour n'est pas du temps des Romains, Rever s'est appliqué surtout à constater que l'écu, la clef de voûte et la tour sont du même temps ; et d'après le genre d'ornement employé aux chapiteaux des colonnes des deux chauffoirs et aux corbeaux en cul-de-lampe sur lesquels posent les arêtes, il croit que cette tour n'a pu être commencée, au plus tôt, que vers la fin du 14° siècle, long-temps après le vieux château, dont l'architecture fait remonter la construction au commencement ou vers le milieu du 10ᵉ siècle.

Un petit vase en terre rouge, trouvé au Ménil, commune limitrophe de Lillebonne, a paru à Rever mériter une attention particulière, parce qu'il a dû servir d'urne funéraire. La meilleure preuve qu'il puisse donner de cette destination, c'est qu'il était rempli de terre et de petits fragments de charbon ; il pense qu'il pouvait être destiné à recevoir les larmes que font long-temps répandre les regrets et la douleur, car il n'est guère facile de douter que les lacrymatoires ne servissent quelquefois à cet usage, comme le prouvent assez ces expressions fréquemment employées par les anciens : « arroser de larmes des cendres chéries, verser des pleurs dans l'urne sacrée qui les contient » ; et les vers attendrissants de Tibulle par lesquels il exprime le désir qu'on pleure devant son bûcher, lorsqu'il demande, « qu'après qu'on aura déposé dans l'urne de marbre ses cendres arides, on y verse à la fois et les parfums de l'Orient et les larmes que sa mort aura fait couler ».

Parmi les objets antiques trouvés à Lillebonne que Rever a décrits, et dont le détail serait trop long, on remarque deux petites statues en bronze sur la destination desquelles, après avoir formé diverses conjectures, il s'arrête à celle-ci qu'il trouve la plus vrai semblable. Il s'est rappelé les extravagances de Caligula qui marchait dans les rues affublé du costume des dieux ; quelquefois sans barbe et suivi des Graces comme Apollon ; d'autre fois comme Mars, avec une barbe épaisse, un casque et une épée ; qui prétendait réunir la majesté de Jupiter, les agréments de Bacchus, la puissance de Neptune et le mérite de toutes les divinités ; qui se montrait en public avec des gants et des bracelets ; qui dansait la nuit en habit de femme devant des spectateurs mandés par lui-même au palais, et prenait jusqu'à des parures de Vénus et des costumes des autres déesses ; qui portait aussi quelquefois le trident, se mettait des talaires, ou s'armait d'un foudre simulé ; enfin qui se fit bâtir un temple ; à qui le sénat en fit élever un autre ; qui dans ce temple fit ériger sa statue, *soit d'or*, *soit dorée*, à laquelle on mettait chaque jour un costume pareil à celui qu'il se faisait donner ; qui se créa un collége de prêtres et de prêtresses dont il se proclama le chef, dont il se faisait payer fort cher les offices, et qui présidait aux sacrifices qu'on lui prostituait. Croyant reconnaître dans l'un de ces bronzes la tunique et la chaussure d'un pontife, le principal attribut d'Hercule, la tête de Neptune ou de Jupiter dont le foudre était peut-être imité dans la main droite, qui manque malheureusement, tandis que la gauche s'appuyait sur une hampe qui pouvait se terminer comme une haste ou comme un thyrse, et que les deux bras portaient un des ornements de Vénus, Rever pense, d'après ces rapports accumulés et frappants avec les traits de l'impudence de Caligula, pouvoir prendre ce bronze pour une figure votive consacrée à cet usurpateur impur des honneurs divins, par l'être avili qui se faisait prêtre de ce culte impie, et qui voulut joindre à son *ex-voto* sacrilége sa propre statue en costume.

En poussant un peu plus loin l'analogie et en s'appuyant aussi de la réunion des trois statues dans la même fosse, on arriverait à trouver dans la grande *statue dorée* la réprésentation de l'odieuse divinité qu'un lâche proconsul aurait fait inaugurer à Lillebonne pour se maintenir en pouvoir et se conserver la faveur du monstre.

Ce mémoire est suivi d'un appendice contenant l'explication de quelques cachets inédits d'anciens oculistes. Rever fait d'abord l'exposé de ce qui concerne 1° la matière de ces cachets antiques, 2° les différentes formes qu'ils présentent, 3° le travail de la taille, de la gravure; etc. Plusieurs antiquaires s'étaient occupés de ces cachets, et avaient fait seulement connaître les particularités de ceux qu'ils avaient sous les yeux; mais aucun n'avait rassemblé dans un seul cadre ce qu'on peut regarder comme général et constant sur ces antiques, d'après les descriptions isolées qu'on a faites de chaque cachet. Rever a donc pensé que le résumé de ce qu'on en a dit ne serait point sans intérêt, et que la connaissance de ces détails réunis serait utile pour indiquer les observations qu'il faut faire et les particularités qu'il faut rechercher lorsqu'on déterre ou quand on examine des objets de ce genre.

—7° *Sur Corseul, département des Côtes-du-Nord.* Ce petit écrit est extrait d'un mémoire sur la même ville et les environs, que l'auteur aurait publié si la mort ne l'avait pas atteint si tôt, mais qu'on a dû trouver dans ses manuscrits. Il relève avec infiniment de justesse les erreurs d'un écrivain, et il renferme des observations bien judicieuses sur l'époque de la destruction et de l'incendie du *fanum Martis* (Corseul), et sur les ruines de cette grande ville de l'antiquité qui n'est plus rien maintenant qu'un petit village situé près de Dinan.

— 8° *Discussion sur l'antiquité de la découverte et de l'usage du platine*, et citations de divers auteurs anciens à ce sujet. Au commencement de 1824, Rever fit l'exposé des idées que l'étude du 16° chapitre de Pline, liv. 34, lui avait suggérées sur l'identité du platine moderne et de l'ancien plomb blanc. Il le fit imprimer comme extrait d'un plus grand travail, pour le communiquer en forme de mémoire à consulter, afin d'obtenir des hommes instruits les avis qu'ils voudraient bien lui donner dans l'intérêt de la science. Le platine, on le sait, n'a été découvert chez nous que vers le milieu du dernier siècle, et c'est de l'Amérique qu'il nous est venu; mais Pline, en parlant du plomb blanc, dit qu'il était très précieux et connu des Grecs sous le nom de *cassiteros*. Dans cet exposé, l'auteur se borne à comparer la description du plomb blanc donnée par le naturaliste latin avec celle du platine par le célèbre Fourcroy, et l'analogie frappante des deux descriptions l'a conduit tout naturellement à adresser aux archéologues, après se les être proposées à lui-même, les deux questions suivantes qui sont d'un haut intérêt et qu'il est porté à résoudre affirmativement : Les anciens connaissaient-ils le platine, savaient-ils l'employer ? Bientôt un savant de premier ordre, un profond antiquaire (M. Mongès) lui fit

connaître qu'il ne pouvait approuver ses conjectures. D'un autre côté, Rever apprit que M. Le
Boyer avait fait insérer dans le *Lycée armoricain*, des
réflexions contre ses idées, ce qui donna naissance
à la *dissertation* qu'il publia en 1827. Dans ce nouvel
écrit, où il discute l'opinion de M. Le Boyer, il a
repris l'examen de la description du plomb blanc et
de la question entière, à laquelle il a donné de nouveaux développements, de nouvelles preuves, et il
l'a même approfondie. Il pense que la question de
l'ancienneté du platine et de son existence, sous le
nom de plomb blanc, est uniquement et tout entière de littérature, que la science des métaux n'y a
qu'un rapport indirect et faible ; que la solution dépend de l'exacte interprétation du *cassiteros* des
Grecs et du *plomb blanc* des Romains ; il cite à cette
occasion Posidonius, Strabon, Homère, Pline, Isi-
dore, qui ont parlé du *cassiteros* et du *plomb blanc*
avec quelques détails, et qui supposent évidemment
à ce métal des qualités essentiellement différentes de
celles de l'étain ordinaire. Sans entrer dans plus de détails, je citerai les questions suivantes qui donneront
une véritable idée de la manière dont la discussion
est posée : Quel était, chez les anciens, le métal qu'ils
ont dit, 1° ne se recueillir que dans les mines d'or
et parmi les sables aurifères ? 2° ne s'y montrer que
sous la forme de grenaille noirâtre, bigarrée de tons
blancs ? 3° ne pouvoir être employé s'il n'était allié
avec quelque autre métal ? 4° être toujours plus dur à
fondre que l'argent ? 5° avoir été connu des Grecs, qui
le portaient au plus haut prix, et l'employaient à des

ouvrages précieux ? 6° être aussi lourd que l'or ? 7° avoir été mis en plaqué par les Gaulois qui, d'après cette invention, firent aussi du plaqué d'argent ? 8° enfin, avoir été désigné sous la dénomination *d'or blanc*, qu'il ne garda point, et qui fut remplacée chez les Romains par celle de *plomb blanc* ? Faut-il croire que ce métal était l'étain même que nous connaissons ? Ou bien les qualités que les anciens lui trouvaient ressemblaient-elles aux qualités du platine ? Peut-on reconnaître ces qualités dans quelque autre métal que le platine ?

—9° *Sur les médailles de Sainte-Croix-sur-Aiziers*, et sur un météore lumineux observé dans l'arrondissement de Pont-Audemer, le 10 décembre 1824.

— 10° *Recherches sur le véritable emplacement de la station romaine Uggade, entre Évreux et Rouen*, et sur l'antiquité du Pont-de-l'Arche. Jusqu'à présent l'opinion des géographes a été que Uggade existait à l'endroit où est actuellement le Pont-de-l'Arche, mais les ruines que Rever a vues à Lesdans, commune située au confluent de l'Eure et de la Seine, un peu au-dessus du Pont-de-l'Arche, et qu'il a bien reconnues pour des restes de constructions romaines, lui ont fait présumer avec beaucoup de raison qu'Uggade était en cet endroit, et que la bande de Normands introduite par le fameux Rollo dans la Seine, en 876, jeta l'ancre à cette position.

Il ne regarde point le Pont-de-l'Arche comme un très ancien établissement qui ait remplacé l'antique Uggade romain ; il croit au contraire qu'il n'existait pas même encore au neuvième siècle.

—11° *Notice sur des figurines découvertes dans la forét d'Evreux, commune des Beaux-Ste-Croix*, et sur quelques autres objets du moyen-âge, de l'époque comprise entre le septième siècle et le dixième. Parmi ces objets, on remarque une Vénus anadyomène, un Mercure avec les trois principaux attributs de ce dieu, le pétase ailé, la bourse et le caducée. Ce fut cet écrit qui valut une médaille d'or à son auteur.

— 12° *Mémoire sur les ruines du Vieil-Evreux, département de l'Eure;* contenant, outre la description des monuments, diverses recherches sur les procédés inédits des anciens mouleurs, fondeurs, émailleurs, mégissiers, etc. ; sur le verre coulé, les soudures métalliques, la forme des premiers chandeliers ; plusieurs objets de parure, etc. ; et sur le platine, savoir si les anciens l'ont connu, exploité, employé, plaqué, etc. ; avec la carte de tout le territoire où il existe de ces ruines, et quatorze plans et dessins des objets trouvés dans les fouilles.

Rever parle d'abord de l'aquéduc, puis successivement il fait connaître les dimensions et la forme des constructions qu'il a déterrées ; il décrit les fragments de marbre et de vases de toute espèce, les médailles, les objets d'art, de parure et de luxe ; enfin, il expose quelques idées sur la nature de l'établissement dont ces ruines attestent l'ancienne existence, sur l'époque la plus probable de sa fondation, sur le nom qu'il porta, sur le temps qu'il a subsisté, sur les révolutions qu'il a subies , et sur l'époque où il a péri.

Ces ruines se trouvent dans toute l'étendue du Vieil-Évreux et dans quelques communes environnantes. Les nombreuses constructions et la grandeur du territoire qu'elles occupaient, sont l'indice d'une population considérable ; les chemins, dont la direction est reconnue, sont la preuve des relations de ce lieu avec les autres établissements du pays ; l'aquéduc ne permet pas de douter de l'importance qu'il avait ; le grand pavé de mosaïque, les vastes enceintes qui l'avoisinent , et les débris de marbre précieux, annoncent l'emplacement d'un temple ; des bains , revêtus de pierre polie et de marbre , attestent l'opulence de quelques habitants , ou la demeure d'un gouverneur, ou des constructions de service public ; les fresques multipliées des murs, et les divers objets de parure , aussi soignés pour le travail que variés dans leurs formes , tiennent évidemment au luxe des cités ; le sol même présente , dans le site le plus élevé d'une belle et grande plaine , les avantages et les agréments que Vitruve recommande de chercher pour l'emplacement d'une ville ; et si l'on joint à ces diverses considérations celle du théâtre , dont les fondements ont été déterrés , l'existence d'une grande cité dans cet endroit ne se trouve-t-elle pas démontrée ?

D'après toutes ces observations, Rever ne balance point à fixer son opinion sur l'état de cet établissement , sur le rang qu'il doit avoir eu et sur le nom qu'il porta. Ce dut être *Mediolanum-Aulercorum,* capitale du pays des *Aulerci-Eburovices* (1), qu'on croit avoir été mentionnée par Ammien Marcellin, et qu'on trouve dans l'itinéraire d'Antonin et dans les tables de Ptolémée. L'auteur regarde comme extrêmement probable que l'établissement du Vieil-Évreux n'a pu être fondé avant la fin du premier siècle, et qu'il subsistait encore à la fin du quatrième, puisqu'on y a trouvé des médailles de Gratien, qui mourut à Lyon le 25 août 383. Quant à l'époque de sa destruction, elle peut être rapportée à celle des ravages que les Francs causèrent dans les Gaules, lorsqu'ils les envahirent : ce qu'il y a de bien certain, c'est que ce grand établissement périt par un incendie violent dont les traces se font remarquer de toute part.

Plusieurs auteurs avaient parlé des ruines du Vieil-Évreux ; mais tous avaient commis des erreurs aussi étonnantes que nombreuses, et ils n'avaient pas cru qu'il fallût y chercher autre chose que les vestiges d'un camp romain. L'historien du comté d'Évreux (Lebrasseur), s'est même efforcé de prouver qu'il n'y avait jamais eu de ville en ce lieu. Frappé de l'invraisemblance de ce qu'ils avaient avancé dans leurs indications, notices ou descriptions, Rever conçut l'idée d'explorer les lieux à son tour : bientôt il reconnut l'étendue de ces ruines, la nature et la grandeur des monuments qu'elles recélaient, et dès-lors il consacra son zèle et ses talents à les étudier, afin de les faire connaître pour ce qu'elles sont. Il y est

(1) Les Aulerques.

parvenu d'une manière glorieuse, il les a décrites savamment ; on pourra s'en convaincre, en lisant cette importante et curieuse production, qui partout offre l'intérêt le plus vif, le plus soutenu, et qui dénote, ainsi que ses autres ouvrages, des connaissances supérieures en archéologie.

Outre ces mémoires et ces notices, l'auteur laisse encore, comme nous l'avons dit plus haut, beaucoup de manuscrits qui seront sans doute précieux pour les sciences, et l'on trouvera dans sa bibliothèque un grand nombre de volumes dont les marges sont pleines d'excellentes notes écrites de sa main. Son étonnante mémoire, sa profonde sagacité, la justesse de son jugement, et son ardente passion pour les sciences, l'avaient mis à même d'étudier tout ce qui est du ressort de l'esprit humain ; et telle était sa vaste érudition, qu'aucune des connaissances humaines ne lui était, je crois, absolument étrangère. Une étude approfondie de ce que furent les arts chez les anciens, des observations judicieuses, des recherches savantes et la plus saine critique se font remarquer dans ses écrits ; aussi l'a-t-on considéré comme l'un des patriarches de la science archéologique. A ce titre glorieux, il devait nécessairement obtenir la juste et honorable récompense de ses bons travaux ; il l'obtint en effet : son mémoire sur les figurines découvertes dans la forêt d'Évreux fut couronné par l'Académie des Inscriptions et Belles-Lettres qui, dans sa séance publique du 25 juillet 1828, décerna à Rever, comme auteur de l'un des meilleurs mémoires sur les antiquités de la France, l'une des trois médailles d'or que M. de Martignac, alors ministre de l'intérieur, avait mises à la disposition de l'Académie.

En apprenant que Rever avait plus de quarante ans lorsqu'il commença l'étude de nos antiquités, on sera surpris des connaissances qu'il avait acquises sur cette science aride qui se lie à tant d'autres sciences, et qui demanderait plus que la vie d'un homme pour être approfondie. On sera plus étonné surtout, quand on saura qu'il y a eu de nombreuses et longues interruptions dans ses études archéologiques, dont il a mille fois été détourné par toutes sortes d'affaires, qui, pour la plupart, se rattachaient à l'intérêt d'autrui.

Également versé dans les lettres humaines et dans les hautes sciences, il avait fait de plus une étude particulière de l'espèce humaine, que dans ses diverses situations il avait eu tant de fois l'occasion d'observer. Il était même parvenu à connaître, autant qu'il est possible, les facultés intellectuelles et morales d'un homme qu'il voyait pour la première fois : cette étude, il est vrai, lui avait été rendue facile par sa longue expérience, par la grande pénétration de son esprit observateur et par son rare coup d'œil philosophique. Je ne crains pas d'avancer qu'il ne se trompait que rarement dans ses jugements, et pour mon compte je l'ai toujours vu rencontrer juste. Ce fut bien souvent le sujet d'une grande surprise et d'un véritable amusement pour ses amis, lorsque se trouvant chez eux, et y rencontrant par hasard quelque personnage qu'il ne connaissait pas, qu'il n'avait jamais vu, il se plaisait à faire preuve de savoir en ce genre, et le tout comme objet de pure récréation et de passe-temps, sans y attacher la moindre importance et sans s'arrêter nullement à ses premières impressions. Ce n'étaient cependant ni la physiognomonie de Lavater ni la crâniologie du docteur Gall qui l'avaient instruit; cette connaissance acquise était le fruit d'une grande finesse de tact, de l'expérience et de l'observation.

Pourvu de grands talents, de mœurs exemplaires et d'une instruction supérieure, Rever n'aurait pas manqué de se placer très-haut dans l'ordre hiérarchique, s'il l'eût voulu, ou s'il avait eu quelque peu d'ambition. L'épiscopat même lui fut offert plus d'une fois; mais ni les honneurs qui l'environnent, ni l'éclat de la pourpre, ne l'ont jamais séduit.

Ainsi que je l'ai déjà donné à entendre, mon but n'a point été précisément de considérer Rever comme savant, parce que son mérite sous ce rapport sera toujours apprécié, et son nom, je n'en doute pas, occupera une place distinguée dans les annales des lettres. J'ai plutôt eu en vue de le considérer sous le rapport moral, et de m'adresser à ses nombreux amis, ainsi qu'à tous ceux qui ont été à portée de connaître et d'apprécier cet homme de bien par excellence : je n'ai fait que céder au désir que j'aurais de le voir exposé tout entier, et tel qu'il était, à la vénération universelle. C'est sous l'inspiration d'une affection profonde, d'un attachement inaltérable et d'une reconnaissance éternelle, que j'ai fait l'essai de peindre cet homme de si bonnes mœurs, qui eut tant de vertus publiques et privées, tant de nobles sentiments.

Quel éloge ne mérite pas celui qui eut pour l'honneur et la probité une sorte de culte, dont il ne se départit jamais ; celui que son cœur droit et son ame élevée rendirent toujours inaccessible aux vils intérêts, comme aux vains honneurs, qui trop souvent dégradent les hommes ; celui, enfin qu'on n'a jamais vu fléchir devant le pouvoir d'aucun temps, ni briguer ces places si recherchées qui ne s'achètent et ne se conservent qu'au prix même de la conscience? Je vois dans Rever toutes ces éminentes qualités réunies : c'est tout à la fois l'homme juste et le savant profond ; les vertus et la science marchent avec lui d'un pas égal ; mais la grandeur et la pureté de ses sentiments ne peuvent être appréciées que par ceux qui ont eu le bonheur de vivre dans son intimité.

Son aptitude à tout et sa persévérance étaient telles, qu'il n'entreprenait la connaissance d'aucun art, d'aucune science, sans parvenir à les bien connaître. Il lui vint dans l'idée d'apprendre la musique ; mais le professeur auquel il s'adressa ne répondant pas d'une manière satisfaisante aux questions qu'il lui adressait, il le quitta bientôt, désolé de son peu de progrès, et résolut de s'instruire dans cet art sans le secours d'aucun maître. Il abandonna pour un instant toute autre occupation, et s'enferma pendant plusieurs jours dans son cabinet, pour se livrer exclusivement à ce nouveau genre d'étude. Là, aidé de quelque méthode de chant, et des auteurs qui avaient écrit sur les principes de la musique, il parvint en très peu de temps à solfier couramment, et à pouvoir noter un air qu'il entendait chanter : il alla même plus loin, il fit quelques essais en composition ; et je me rappelle de lui avoir entendu chanter un air qu'il avait composé pour un petit morceau de poésie dans le genre marotique, qui, je crois, était également de sa composition ; car il a aussi laissé quelques fragments de poésie.

A propos de musique, qu'on me pardonne de donner ici un exemple des impressions durables que produisent sur nos sens les souvenirs de certains objets. Dans sa grande salle, dont le principal ornement consistait en oiseaux empaillés, se trouvait un petit tableau représentant une procession villageoise, au bas duquel étaient gravés deux ou trois couplets appropriés au sujet, ainsi que la musique. Un jour que j'en étudiais l'air, il s'approche et se met à le chanter lui-même : croirait-on que depuis sa mort, c'est l'objet qui m'est revenu le plus fréquemment dans la pensée! J'ai retenu cet air, et le premier couplet; je ne puis rendre l'effet qu'il produit sur moi, mais il m'est impossible de le chanter en entier : soudain je me trouve arrêté, je deviens triste et rêveur, mes pensées se reportent sur ce vénérable vieillard que je me figure voir encore à côté de moi, chanter et rire de l'originalité de ces couplets et du tableau ! Ah! c'est bien peu de chose que ce tableau; mais les souvenirs auxquels il se rattache m'ont fait désirer bien des fois de l'avoir en ma possession!

Grave et sérieux lorsque les circonstances l'exigeaient, ou qu'il traitait dans la conversation quelque sujet élevé, personne n'était plus gai, plus amusant et plus agréable que lui, s'il se mettait une fois sur le ton de la plaisanterie; son esprit devenu enjoué abondait en traits piquants, et ses reparties fines, ses saillies vives, spirituelles et assaisonnées d'un sel attique, auraient fait rire l'homme le plus sérieux du monde et faisaient passer auprès de lui les moments les plus délicieux. On a trouvé qu'il avait des originalités : peut-être n'en fut-il pas exempt; on peut dire, je crois, que tous les hommes en ont; mais ce qui souvent était chez lui considéré comme tel, n'était, aux yeux de l'observateur attentif, que le résultat des sages principes qui le faisaient tenir continuellement en garde contre les appétits sensuels auxquels la faiblesse de notre nature ne nous fait céder que trop souvent, lorsque nous n'avons pas contracté l'habitude de les combattre par une surveillance continuelle sur nous-mêmes.

Quelle exactitude, quel soin rigoureux il apportait dans tous ses travaux scientifiques! Avec quelle attention il revoyait tout ce qu'il avait fait, ainsi que les objets qu'il avait décrits!

Jamais correspondance ne fut plus agréable que la sienne. Quelle grace, quel enjouement, quelle raison dans ses lettres! Quel charme ne trouvait-on pas à les lire! Passant du grave au gai, tantôt il était profond, tantôt il était léger; il en était de même de sa conversation, toujours pleine d'attrait, d'agrément et de bienveillance; mais l'élégance et la pureté de son

langage, la grande aisance avec laquelle il s'expri-
mait, ajoutaient encore aux charmes de ses entretiens ; je dois dire aussi que comme il parlait le latin
avec la même facilité que le français, on avait un
véritable plaisir à l'entendre dans ces deux lan-
gues.

Rentré dans ses foyers, Rever ne resta jamais
dans l'inaction ; sa passion d'être utile, et de faire du
bien autant qu'il le pouvait, lui faisait employer à
l'étude de nos antiquités le temps que les affaires
des autres lui laissaient libre. La réputation qu'il
avait acquise par ses précédents travaux, et qui lui
avait attiré la confiance justement méritée de tous
ses concitoyens, lui procura encore dans sa retraite
le bonheur de leur rendre tous les services qui dé-
pendaient de lui. De toutes parts on avait recours à
ses lumières ; il était l'arbitre des difficultés qui pouvaient s'élever parmi ses voisins ; sa probité, son
impartialité bien connues, rendaient ses décisions
sacrées. Combien ses connaissances en affaires, son
éloquence persuasive et son esprit conciliant n'ont-
elles pas prévenu de procès, et fait rentrer amis chez
eux, des voisins que l'intérêt seul avait divisés et
rendus ennemis ! Dans sa maison ce fut le plus doux
des maîtres ; jamais un mouvement de colère ne vint
troubler la paix de son intérieur, ni altérer la modération de son caractère : il traita toujours ses domestiques avec tous les égards que les hommes se
doivent les uns aux autres ; et bien loin de leur faire
sentir sa supériorité, il regardait les services qu'ils
lui rendaient comme des actes de bienveillance :

aussi lui étaient-ils attachés plus encore par affection que par devoir !

Dans les fonctions publiques qui lui ont été confiées, il n'a pas prononcé une opinion, pas émis un vote qui ne soit parti de sa conscience, et qui n'ait eu pour but le bonheur de son pays. Dans sa vie privée, toutes ses pensées, toutes ses actions n'ont eu d'autre motif et d'autre règle que son ardent amour pour ses semblables. La vaine gloire, ce sentiment trop avantageux de soi-même que l'orgueil inspire, ne se fit jamais remarquer en lui parce qu'il n'y existait pas. Rever était, en un mot, de ces hommes qui n'apparaissent que trop rarement sur la terre, et, comme Quintilius, il confondait dans un même amour la bonne foi, sœur de la justice, la retenue et la vérité.

> . . . Cui pudor et, justitiæ soror,
> Incorrupta fides, nudaque veritas,
> Quandò ullum invenient parem ?

Mais si l'on éprouve un sentiment d'admiration pour tout ce qu'il a fait dans le but d'être utile, n'a-t-on pas dû gémir aussi sur la probabilité bien fondée que, dans l'état de délabrement où était sa santé depuis plusieurs années, tant de veilles et de travaux contribueraient à abréger ses jours ? Cependant tel était son zèle pour tout ce qu'il croyait bon et utile, qu'aucune considération personnelle ne pouvait l'arrêter, et quoique accablé par les plus vives souffrances d'une longue maladie, son ardeur pour le travail ne se ralentit qu'à ses derniers instants.

Tout le monde perd à la mort d'un tel homme : la société, un de ses premiers ornements ; les sciences, un de leur plus zélés adorateurs ; et ceux qui avaient un commerce intime avec lui, le plus sûr et le meilleur des amis. Il eut toujours de la modération, de la réserve dans ses actions et dans ses discours ; sobre, tempérant, et sachant garder une sage mesure en toutes choses ; maître, en un mot, de lui-même, il l'était aussi de ses passions qui n'avaient jamais eu d'empire sur lui. Modèle de vertu, de grandeur d'ame, et plein d'équité ; juste, charitable et bienfaisant, Rever est à jamais regrettable.

Multis ille bonis flebilis occidit,
Nulli flebilior quam *mihi*.....

La conscience fut la règle de ses actions ; il ne s'écarta point de la ligne qu'elle oblige à suivre, et jamais la sienne ne fut en défaut. Qu'il est beau pour l'homme, sujet à tant de faiblesses, qui a parcouru dans sa carrière tant de phases diverses, de terminer ses jours sans pouvoir être atteint du plus léger reproche ! telle a été cependant la vie de Rever. Pourquoi les hommes qui sont revêtus de qualités si belles et si précieuses, qui approchent tant de la perfection, et qui méritent si justement le titre de *sages*, ne peuvent-ils faire sur la terre un plus long séjour que les autres, pour les rendre plus vertueux ? Mais, malheureusement, les lois immuables de la nature s'opposent à l'accomplissement de pareils vœux !

Si de tels hommes étaient appelés à diriger les affaires publiques, quelle source féconde de bonheur et de prospérité ne serait-ce pas pour les peuples ! Partout les lois seraient observées, la liberté de chacun respectée, de sages institutions établies, les talents, le mérite en tout genre encouragés, récompensés ; l'industrie, le commerce, les arts florissants ; la justice serait rendue au plus humble citoyen comme au plus grand dignitaire ; les fonctionnaires subalternes pourraient librement agir et d'après leur conscience qui ne serait plus torturée ; on ne verrait plus violer les lois qu'on a juré de maintenir ; enfin, on contemplerait avec admiration un peuple de citoyens au sein de l'aisance, de la gloire et de la sécurité ! Mais, puisqu'il n'est point dans la nature humaine de parvenir à un si haut degré de perfection, pourquoi nous arrêter à des pensées qui, toutes belles qu'elles sont, laissent dans notre ame des impressions de tristesse et de regrets amers ? Achevons plutôt d'acquitter notre léger tribut de reconnaissance envers celui que nous pleurons encore !

Rever, ce digne modèle de sagesse et d'équité, a disparu pour toujours, et la froide terre a recouvert son corps ; mais son ame jouit à présent, dans le sein de la divinité, des récompenses que ses vertus ont si bien méritées ! Le voilà donc enseveli dans un sommeil éternel, et ceux qu'une affection profonde et qu'un charme irrésistible attiraient vers lui ne le verront plus , ne l'entendront plus !... Mais son nom et la mémoire de ses éminentes qualités resteront à jamais gravés dans leurs coeurs !....

Ce fut le 12 novembre 1828 qu'il fut enlevé à ses nombreux amis , dont les plaintes et les regrets ne peuvent , hélas ! le faire revivre. Adieu , ô le meilleur et le plus vertueux des hommes , adieu !....

> .... Placidèque quiescas ,
> Terraque securo sit super ossa levis !

> *Puisses-tu pour jamais doucement reposer !*
> *Terre , sur son tombeau garde-toi de peser !*

On se propose d'élever un modeste monument sur la tombe de M. Rever , et déjà le produit des souscriptions permet d'espérer que bientôt on sera à même de mettre ce projet à exécution. Nous ne doutons point que ceux de ses amis qui n'auraient pas encore souscrit , et tous ceux qui savent apprécier ses rares qualités et l'importance de ses travaux , ne s'empressent de concourir à cet acte de piété.

On souscrit chez les personnes ci-après :

A PARIS, M. Fresnel, architecte, rue Chantereine , n° 36.

ÉVREUX, M. Delarue, secrétaire de la Société des
Sciences et Arts de l'Eure.
PONT-AUDEMER, M. Brassy, notaire.
LISIEUX, M. Amand Fresnel, rue d'Orbec.